그곳에 가고 싶다

그곳에 가고 싶다

초판 1쇄 인쇄 2009년 3월 10일
초판 1쇄 발행 2009년 3월 15일

지은이 I 최종태
펴낸이 I 김태봉
펴낸곳 I 도서출판 띠앗
등 록 I 제4-414호

편 집 I 김주영, 김미란, 박창서
마케팅 I 김영길, 김명준
홍 보 I 장승윤

주소 I (우143-200) 서울시 광진구 구의동 243-22
전화 I (02)454-0492
팩스 I (02)454-0493
이메일 ddiat@ddiat.co.kr
홈페이지 www.ddiat.co.kr

값 6,000원
ISBN 978-89-5854-063-2 (03810)

그곳에 가고 싶다

최종태 시집

도서출판 띠앗

'시'를 쓰신다는 말씀이 처음에는 믿기지 않았습니다. 평상시 뵈어 온 아주버님의 생활과 시는 상당한 거리감이 있다고 생각했습니다.

시에 대해선 별로 아는 것이 없었던 저에게 단지 학교에 있다는 이유로 보내오신 '시'들을 대했을 때의 그 놀라움이란…. 정감 있고 구수한 소재들, 특히 자연에 대한 소재들이 많아 아주버님의 때 묻지 않은 성품을 짐작케 합니다.

이러한 시심은 어디서 나오는 것일까요? 아름다운 경치를 보거나, 뭉클한 감동을 느낄 때나, 인간의 능력으로선 어쩔 수 없는 상황에 도달하였을 때 나오는 것이 아닐는지요? 인공이 가미되지 않은 순수한 자연의 마음이 바로 시심이 아닐까 생각해 봅니다. 아주버님은 그런 마음을 가진 분이십니다.

무릇 시를 쓰는 사람은 따로 있는 게 아니란 생각이 듭니다. 바쁜 생활, 힘든 일상에서도 한 발자국

뒤로 물러서서 세상을 바라보는 여유를 가질 때 인생은 더 풍요로워질 수 있습니다. 정신이 건강해진다는 뜻이지요. 우리 모두가 시인이 될 수 있다는 이야기도 되구요.

좋아하는 시를 쉼 없이 만들어 내시고 그 보물 같은 시들을 모아 시집을 내시고야 마는 그 열정에 찬사를 드립니다. 그것은 아무나 할 수 있는 게 결코 아닙니다.

인생의 갈무리에 들어서신 아주버님을 뵈면서 소박하고 천진하신 심성을 진작 몰라 드린 점 죄송하단 생각이 듭니다. 이 시집 발간으로 인하여 제2의 생을 시작하신 아주버님께 진심으로 축하의 말씀을 드리며, 우리 가족 또한 아주버님으로 인하여 한층 격이 높아짐을 느낍니다.

앞으로도 계속하시어 제2집, 3집의 시집으로 번창하시기를 기원 드리며 축전의 말씀에 대신합니다.

기축년 정월에 박정숙

기승을 부리던 동장군도 물러가야 하는 입춘立春 지절에 얼었던 땅, 눈 쌓였던 대지 위에 흙을 헤집고 새싹이 자라듯이 내 시집도 그렇게 무럭무럭 자라나기를 바라면서 이 글을 적어 본다.

신작로가에 태어나 허구한 날 먼지와 오물을 뽀얗게 뒤집어 쓴 잡풀처럼 한 번도 제 본모습을 보여주지 못하고 당당하게 제 목소리를 내보지도 못하며 살았다.

물려받은 거 없는 자들이 가는 길은 험하고 울퉁불퉁한 걷기 어려운 길이다. 돌부리에 걸려 넘어지면 좋은 경험으로 받아들이고, 거친 장애물을 하나씩 지날 때마다 하나씩의 지혜를 깨치며 모질고 질기에 살아왔다.

천년을 살고 죽어서도 천년을 더 버틴다는 주목처럼 껍질과 살은 썩고 삭아 꺼멓게 볼품이 없어도 깎아 보면 그 뼈는 붉고 단단하여 차가운 설한풍에도 천년을 거뜬히 버티고 서 있는 주목나무처럼 내 시집도 그렇게 오래오래 서 있어 주실 바라며, 비록 먼지 낀 구석 자리에나마 이 나라 고을마다, 집집마다, 서재마다 내 시집 한 권씩 꽂혀지길 빌어 본다.

최종태

목차

2

4

양지 바른 산기슭에
아주 느리게 봄이 기어 온다
갓 녹은 땅 속에는 숱한 생명들이
기지개를 켜고 내일을 살핀다

굉망골 폭포

폭포 소沼*에 도는 바람
푸르고 서늘하여
바위에 돋은 이끼
층층이 푸르르다
이끼 속에 맺힌 방울
보석같이 영롱하니
천만 년 자란 키가
청청青青함 뿐이로다
떨어지는 물소리에
심신이 굳건해지고
폭포 소沼에 옥玉빛 물은
영혼까지 맑게 한다
무지개 구름다리는
새들만이 건너가고
차가운 물줄기가
심산深山임을 알게 한다

* 소(沼) : 호수보다 물이 얕고 진흙이 많으며 침수식물이 무성한 곳.

발정

홀랑 벗고 서서 흔들며 떨고
찬바람 맞아 아쟁소리 지르며
자동차 매연에 까맣게 그을리고
흰눈에 덮여 죽은 듯이 서 있다가
어느 날 갑자기 봄 내음 맡고
살아있다는 걸 증명이나 하듯이
희한하게 꽃눈을 반짝거리며
그냥 벗은 채 발정을 시작한다

발정이 시작되면 아무도 막지 못한다
곱고 화사하게 서둘러 몸단장하고
꽃가루 날리며 향기도 내뿜는다
거리를 금세 꽃굴로 만들어 버리니
한바탕 불꽃같은 힘을 발산한다
어디 발정하는 게 봄꽃뿐이랴
발정이 끝나면 부끄러운 듯
파아란 잎 피워 알몸 가린다

봄이 오네

양지 바른 산기슭에
아주 느리게 봄이 기어 온다
갓 녹은 땅 속에는 숱한 생명들이
기지개를 켜고 내일을 살핀다
봄이 오다 눈에 밀려
밭둑 아래 쭈그리고 앉아
눈바람을 피하고 있다
저 눈바람 지나가면 벌떡 일어나
쏜살같이 달려오며 소리치겠지

크고 작은 꽃들이여 나를 따르라
가지각색 꽃들이여 나를 따르라
겨우내 얼어터진 이 강산을
꽃동산으로 만들자
저 깡마른 산과 들을
적시고 푸르게 만들자
그리고 이 강산을
풍요와 사랑으로 채우자

냉이꽃

땅바닥에 착 달라붙은 작은 냉이꽃
하얗게 피운 앙증맞은 예쁜 꽃
땅에 붙어 있어 겨울이 못 보고 지나쳤을까
하도 작아 눈바람이 피해 갔을까
땅 밑에서 올라오는 온기 덕에 피었을까

뿌리는 굵고 깊어 향이 좋은 냉이꽃
하늘 찌를 백양나무도 울고 서 있는데
땅에 붙은 냉이는 꽃대 올려 꽃피우네
좁쌀보다 더 작은 꽃잎 4개 달고서
벌, 나비도 찾지 않는 외로운 냉이꽃

이름 모를 야생화

낙동강 하천에 무리지어 핀 노오란 꽃
꽃 모양은 해바라기 축소판이요
몸통과 잎은 코스모스 닮았네
버쩍 마른 돌 자갈 밭에 뿌리를 내렸으니
날마다 먼지만 풀풀 나고 목이 마른다

하늘에 떠가는 비구름 쳐다보며
살짝 웃는 얼굴로 찡긋찡긋 윙크해 보지만
무심한 비구름은 못 본 채 지나가고
심술궂은 바람만 지날 때마다
만지고 비비고 흔들고 간다

한낮엔 목말라 배배* 살려도
해 지면 밤이슬로 겨우 목만 축이고
맺혀 있는 꽃봉오리마저 피운다

---

* 배배 : 가뭄에 잎이 마르고 줄기가 시든다는 뜻.

봄바람 섬 순례

입김같이 연약하던
마라도 봄바람이
출렁이는 파도 타고
넘실넘실 힘을 실어
송악산 솔밭 지나
산방산 훌쩍 넘어
한라산 찬 눈 속에
복수초 피워 놓고
눈 속에 먹이 찾던
노루들 짝 지우고

소리 없이 눈을 녹여
천지연 폭포수 불리운다
유채 밭에 내려 앉아
노오란 꽃 피우더니
파아란 바다 건너오며

갈매기도 짝 지우고
그 많은 섬 모두 들려
동백 붉게 피워놓고
남도 땅에 내려앉아
자는 매화 깨운다

저 고사리 내년에도 꺾을 수 있을까

꾸부렁한 등산로를 힘없이 걸어간다
한참을 말없이 따라가다 돌 하나 주워
길옆 등산객 돌탑 위에 가만히 얹었다
앞서가다 획 돌아서 멍하니 바라보다
이내 다른 곳으로 시선을 돌려 버린다
울컥 목이 메이고 눈물이 나왔으리라
통곡인지 절규인지 내가 왜…

산을 넘어가면 낙동강이 굽이돌아 흐른다
유난히 덜렁거리며 참을성 없는 사람
모아두지 못하고 아르르 쏟아 버리는 성격
하얀 토끼같이 착하고 선한 눈망울에
가랑가랑 눈물이 맺히더니 굴러 떨어진다
암 수술을 기다리며 겁에 질려 찢어진 영혼
꽃잎이 열리고 희망이 솟아나는 이 봄날에

하얀 달밤 초가지붕 위에 핀 고지꽃처럼
쓸쓸하고 외로워 보여 마주볼 수가 없다
떨리는 손으로 고사리 한줌 꺾어 들고
비탈길 따라 떼 지어 몰려오는 감당키 힘든
아픔과 서러움과 쓸쓸함을 견디고 있으리라
소나무에 가만히 몸을 기대고
파란 싹 돋는 산자락을 물방울 맺힌 눈으로 바라본다

무심한 봄바람은 고사리 살찌게 키우는데
나는 목젖이 막혀 침도 삼킬 수가 없구나
폐암에 발가벗겨 양념 발린 그 마음은 어떨까
약속하지 않아도 오늘 꺾은 저 고사리는
내년 봄에도 어김없이 돋아 자라겠지만
억지로 웃으며 창백하게 허물어지는 너는
통통한 저 고사리 내년에도 꺾을 수 있을까

고사리 꺾어 든 손이 파르르 떨린다
나를 버려 너를 구할 수만 있다면
나는 조금도 망설이지 않을 것이다
저 어두운 얼굴에 검은 그림자 걷히고
힘없이 처져 내려앉은 그 눈망울에
반짝이는 생기가 돌아올 수만 있다면
봄바람에 뒤범벅되어 취한 듯한 봄날이다

모암봉을 휘감고 돌아오는 순한 봄바람이
길게 목을 빼고 하염없이 강을 내려다보는
그 얼굴에 와 닿아 살랑거리며 노닐 때
가슴속엔 말없이 조용히 이별을 그린다
태풍 앞에선 과일나무처럼 두려워진다
고사리보다 더 여린 솜털 같은 그 마음이
물에 젖은 한지처럼 풀어지고 있으리라

간장 단지며 된장 단지며 모두를
작은 그릇에 비우고 깨끗이 씻는다
이것저것 밑반찬 만들어 냉장고에 넣는다
병원에서 다시 집으로 못 오면 어쩌냐
이러면서 유난스럽게 부지런을 떤다
형체 없이 헤어지며 실신하는 이 마음
맑은 계곡물처럼 바닥까지 훤히 보이는 너를

보험 증권과 은행 통장을 내놓는다
아파트 관리비는 어떻게 내는지 설명한다
전에는 볼 수 없던 차분함에 또 목젖이 막힌다
병든 심신 피곤하여 고이 몸 눕혀 버릴 것 같다
마지막으로 아이들한테 잘 보여야 된단다
억장이 무너져 내리는 이 무기력함에
뛰는 심장에 유리조각이 박힌 것 같다

그곳에 가고 싶다

봄이면 논 밭둑에 쑥뿌리 캐어 싸리바구니에 눌러 담고
산나물 뜯고 찔레 꺾고 송기 꺾어 회쳐 먹던 곳
여름이면 동네 소들이 다 한데 모여 풀을 뜯고
남의 밀 뽑고 콩 뽑아 밀 싸리 콩 싸리 해 먹던 곳
가을이면 방아깨비 메뚜기 잡아 큰 됫병에 넣고
꿀밤 줍고 알밤 줍고 낙낭 꼭대기에 홍시 따던 곳
겨울이면 화로에 불 가득 담아 방 안에 들여 놓고
산에서 캔 칡뿌리 자근자근 씹으며 옛날얘기 듣던 곳

삼베 바지저고리 아침 이슬에 흠뻑 다 젖어도
풀숲 속을 헤치며 딸기 찾고 멀구 찾아다니던 곳
독성 강한 산나물 먹고 온몸이 퉁퉁 부어올라
풍선처럼 부풀어도 산야를 들개처럼 쏘다니던 곳
시래기죽도 실컷 못 먹어 배고픔에 서러웠고
아카시아꽃 너무 많이 따먹어 혓바닥이 아리던 곳
두레박으로 우물물 퍼 올려 허기진 배 채우던
싫은 기억만 떼로 몰려드는 그곳에 가고 싶다

봄이 온 거랑에는

목화송이 같은 바람이 연이여 불더니만
거랑가에 백매화가 활짝 웃고 서 있구나
추위에 떨던 해가 따뜻하게 정수리에 내려앉으니
가지를 일렁이며 버들강아지 굵어간다
파아란 새싹이 돋아난 찔레덩굴 밑에선
쑥 달래가 고개 쳐들고 세상 구경하는구나

얼음 녹은 거랑 물에 피라미 떼 경주하고
낮에는 물 위로 은빛 비늘 반짝이며 뛰어도 본다
외씨만 한 붕어는 실뿌리 밑에 떼 지어 오글거리고
중태기 다 큰 놈은 지 모습 드러내지 않으려고
큰 돌 밑에 엎드려 점잖은 척 하는구나

마알간 거랑 물에 피라미 떼 붕어 떼 편 갈라 노는데
심술궂은 미꾸라지 오고 가며 흙물 일군다
겨울잠 깬 억머구리*도 물속에 편안히 앉아
눈 껌벅이며 이리저리 둘러보며 색싯감 찾는다

---

* 억머구리 : 참개구리

저놈이 봄이구나

빼곡히 들어찬 고층 아파트 옹벽을 밟고 넘어
눈도 녹이고 얼음도 녹이면서 부지런을 떨며
달려가는 저놈이 기다리던 봄이란 놈이구나

꼬불꼬불한 골목길도 곧은 대로도
수많은 자동차도 콘크리트 높은 담벼락도
거침없이 밟고 가는 저놈이 분명 봄이로구나

가난하고 배고픈 자들을 추위에 떨게 했고
길가 노점상들의 불알을 오그라들게 했던
동장군을 몰아내는 저놈이 바로 봄이로구나

산이든 들이든 강이든 거침없이 달려가
깊은 잠에 빠진 꽃과 잎들의 잠을 깨우며
부산함을 떠는 놈이 기다리던 그놈이구나

저놈이 지나간 자리에는 꽃이 피고 잎이 피고
새들이 노래하고 벌 나비가 춤을 추니
참 희한한 놈이 봄이란 놈 너로구나

저놈의 위대함을 어디에 견줄 것이며
누가 저 반가운 놈을 기다리지 않았으랴!

꽃 지고 속잎 나니

벚꽃 지고 속잎 나니
참꽃 지고 개꽃 핀다
복숭아꽃 붉게 피니
배꽃은 희게 피고
참나무에 잎이 피니
잡목들도 따라 핀다

소나무에 물오르니
솔향기가 가득하고
산 살구꽃 화사하니
산새들도 짝을 짓고
청설모도 색시 찾아
나무 위로 들락인다

봄 처녀

강가에 흔들리는 갈대숲에서
봄 처녀가 얼른 꽃신 신고 싶어
맨발로 살금살금 기어나온다
한들거리던 갈대꽃들이
아직은 이르다고 일러 주어도
봄 처녀 못 들은 척 시치미 떼고
갈대꽃 몰래몰래 기어나온다

성급한 봄 처녀 저리 서둘다
심술궂은 봄눈벼락 맞으면
꽃신도 못 신고 시집도 못 가 본 채
하얀 눈에 묻혀서 황천 갈 텐데
조금만 느긋하게 기다리며는
머지않아 알록달록한 꽃신 신고서
즐겁게 봄나들이 하고 다니며
벌 나비 중매로 결혼도 하여
튼실한 아들딸도 낳을 수 있으련만…

보리

삭풍이 지나는 황량한 들판에서
얼음 베고 누웠던 보리가
흰 눈 덮고 잠자던 보리가
겨울 씻어내는 살맛나는 단비 맞아
죽순처럼 힘차게 솟아오른다
엊그제 마디가 생기더니
긴 수염 내밀고 이삭이 핀다

설한에 칩거하고 미친 봄도 참아내고
고난과 역경을 치른 후에야
완전한 보리로 거듭 태어나
성깔 죽인 바람에 몸을 비틀며
고랑 따라 질서 있게 줄지어 서서
따스한 햇살 먹고 보리알 굵어간다

맑은 계곡에서

흔들리는 도시의 밤 여러 형태의 술집에서
온갖 색의 화려한 조명 불빛 아래서
몸을 흔드는 광란의 몸짓과 악기소리는
나를 광狂기의 늪으로 끌고 가지만

산촌 맑고 조용한 계곡에서의 밤은
새소리 물소리 바람소리 들으며
까맣게 어두운 밤 반짝이는 반딧불은
내 마음을 한없이 맑고 밝게 이끌어간다

숲 깊은 산골 물 흐르는 계곡 터널에서
흘러나오는 시원하고 상큼한 바람은
열기를 내뿜으며 요란하게 돌아가는
선풍기 에어컨 바람과는 비교할 수 없다

계곡에서 아무렇게나 흐르는 물을
엎드려 입으로 그냥 마셔도 아무 거리낌 없고
첨단 멤브레인*을 거쳐 나온 정수기 물보다
더 깨끗함을 느끼는 건 그냥 기분일까

버들치 동사리 잡아다가 산 채로 담아놓고
소주 한잔에 버들치 한 마리 더덕 잎에 싸서
고추장에 꾹 찍어 안주 하면 이것이야말로
세상 어느 고급 횟집에서도 이런 맛은 볼 수 없다

널찍한 안방 폭신한 침대 위에서
온갖 예쁜 장식과 적당한 조명보다도
비좁고 어두운 텐트 속에서 모난 돌들이
등을 찔러도 편안히 잠들 수 있는 곳

---

* 멤브레인(membrane) : 여과 장치

아침에 일어나면 모난 돌 자욱이
등허리에 세계 지도를 찍어 놓아도
더 없이 기분이 좋고 상쾌함을 주는 건
어떻게 설명해야 사람들이 이해가 될까

특별한 안주 없이 밤새워 술을 마셔도
아침이 가뿐하고 머리가 맑아 더없이 좋고
아침에 마시는 한 잔의 커피 맛은
도시의 그 맛과는 비교할 수도 견줄 수도 없다

릴 걸어놓고 술 마시며 자연을 즐기는
이 자유를 아파트 빌딩 속의 사람들이 알까
이런 재미와 자유를 그 사람들은 모른다
나는 근본이 촌놈이라 그런가?

강구

오십천이 무릉산 돌아 흐르고
은어 뛰고 연어 돌아오는 소월천
산 아래 복숭아꽃 요염하게 붉으니
여기가 무릉도원 영덕 강구로구나

다리 긴 영덕 대게가 그 맛을 자랑하니
등 붉은 홍게도 대게 틈에 끼어들고
미주구리 회 맛도 빼놓을 수 없는 곳

강구 통조림 공장 머시마들이
삼시랑 처녀들 밤마다 기다리던
동사고개 고목나무 어디로 가고

그 자리에 동해안 7번 국도가 힘차게 뻗어
차들이 쇳소리 내지르며 오고 가는데
미꾸라지 잡던 궂게 논도 길 밑에 깔렸네

꿩이 울며 짝을 찾던 해송 밭에는
강구가 자랑하는 해상공원이 들어서서
그곳에 경북 대종大鐘이 걸려 있구나

앞을 멀리 바라보니 탕탕蕩蕩 동해요
돌아서 이마에 손을 얹고 가만히 보니
석양 속에 가물가물 누리미도 보인다

꽃샘바람

춘풍春風 배짱 좋게 눈을 녹이니
거품처럼 사그라지던 설풍雪風이
소리 없이 광풍狂風으로 돌변해
춘풍을 사정없이 몰아낸다

꽃을 피우려는 바람과
꽃을 샘하는 바람이
서로 작은 양보도 없이
밀고 밀리며 싸우는데

그 틈을 이용한 작은 냉이가
나 보란 듯 꽃잎 피우고
꽃샘바람 구경한다

홍도

낙조 물든 바위 절벽에 갈매기 날고
동굴 속에 거꾸로 자라는 신비로운 나무
값을 매길 수 없는 희귀한 풍난들
수령을 알 수 없는 마디 굵은 후박나무
흙 없는 암릉岩陵에 키 작은 늙은 솔들
다람쥐도 살지 않는 주인 없는 빈 산
바위섬 한가운데 선상船上횟집의 처녀 맛

하얗게 몸단장하고 속세와 담을 쌓고
괴석怪石산 솔밭에 홀로 외로이 돌아앉아
천혜의 비경들은 거들떠보지도 않고
넘실대는 검푸름만 바라보는 홍도 등대
200만 년의 신비를 고스란히 간직한 섬
동백꽃 피고 낙조가 물에 내리면
섬 전체가 동백처럼 붉은 홍도

보릿고개

배고프던 시절 이맘때
비 온 뒤 산가에는 푸름이 짙어 가고
온갖 꽃들이 다투어 피어날 때
이제는 칡뿌리도 캐어 먹지 못하는 시기다
진달래는 아무리 따 먹어도 허기만 더 하고
찔레 새순 꺾으려고
큰 찔레 덩굴 속으로 머리 들이밀고
거침없이 기어들어 갔었지
찔레 덩쿨 속으로 기어들어 가다가
뱀과 눈 딱 마주치면
등줄기에 식은땀이 주르르 흐르지

통통하게 알 밴 버들강아지는
허기를 면하는 데 최고였지만
맛으로는 그래도 송기가 제일이었지
달고 향긋한 솔향기는

나른한 두 눈을 번쩍 뜨이게 하고
허기져 늘어진 심신에
생기를 확 돌게 했었지
배고픔은 나중에 해결하지 하고
미룰 수 없는 것이기에
칡뿌리 진달래 찔레 송기 버들강아지
무엇이든 닥치는 대로 먹어 치웠지

낙산사

해수관음보살상 앞에서 동해를 내다보니
출렁이는 바다는 옛날같이 눈 안에 가득 담겨오는데
천년의 무게도 천년의 깊이도
당최 느껴지지 않는 이 휼빈함*은 왜일까
불타 잘려나간 그루터기에는
그날의 참혹함을 알려 주듯
까만 잔해들이 덕지덕지 붙어 있다
빼곡하던 노송들이 밑둥만 남고
불타 쓰러지고
불티 되어 날리던 그날
천년 세월도 천년의 향기도
세찬 해풍에 흔적 없이 날아가 버렸다

이 절에 은거하신 조종현趙宗玄 선사께서
떠오르는 일출을 보며 지었다는 시조 맨 끝 연에

---

* 휼빈함 : 차지 않아 허허로움, 허전함.

'보아 후끈하지 않느냐'라는 구절이
생각하면 할수록 마음속에 되뇌어진다
동종이 녹아내리고
보타전과 원통보전이
재 되어 바람에 날릴 때도 후끈하지 않았으랴
이 홀빈한 천년 고찰 낙산사에
본래 대로 꽉 찬 향기와 무게를 언제쯤 되찾을까?

아주 이채로운 한 무리의
작은 꽃밭이다
더운 여름날의
상큼하고 신선한 꽃밭이다

여름의 굉망골

굉망골 맑은 물에
버들치 떼 한가롭고
웅장한 폭포소리
마음의 때 씻어주네
달 없는 심산에는
별빛 더욱 영롱하고
모닥불 피워 놓고
버들치 튀김 안주삼아
마시는 소주 맛이
견줄 데가 없어라

백양나무 자부심

강가에 홀로선 키다리 백양나무
언제나 잎을 떨며 흔들거려도
가볍게 흔들리는 갈대와는 다르다

하늘을 찌를 듯한 큰 키 때문에
바람에 굽어지고 휘어지지만
태풍도 삭풍도 모두 이긴다

주욱 잘 빠진 탓에 친구도 없지만
벌어진 나무와는 친구하지 않는다
키 작은 떡 버들은 부러워 마라
아무리 쳐다봐도 종種이 다르다

때가 되면 베어져 젓가락 되면
배꼽에 반짝이는 금딱지 붙인
다리 길고 허리 가는 아가씨들과
허를 쪽쪽 빨며 입 맞출 거다

텃밭에

말매용* 우렁차게 노래하는 감나무에
꽃 떨어진 감들이 나날이 굵어 가고
햇살의 정기 받아 복숭아도 익어간다
그 아래 고추도 굵고 맵게 약 오르고
푸르던 토마토가 빨갛게 익어 가니
키 큰 옥수수도 하얀 수염 자라난다

캄캄한 밤 소쩍새가 맑게 노래 부르니
손가락만 한 오이가 팔뚝만치 굵어지고
가지도 뒤질세라 물방망이만 해진다
이슬 맞은 호박넝쿨에 애호박 굵어지니
상춧잎, 깻잎도 더 크게 넓어진다
모깃불 피워 놓고 깊이 잠든 사이에…

---

* 말매용 : 말매미

하늘이시여,
이제 그만 멈추어 주십시오

아, 무심한 하늘이시여
쏟아져 내리는 저 물줄기를
이제 그만 멈추어 주십시오
무너져 내리는 저 산을
사람의 힘으로 막으란 말입니까

터져 나가는 저 강둑을
주저앉는 저 다리를
묻혀지는 저 논밭들을
황톳물에 휩쓸려가는 저 아이를
저 늙은이를 또 어찌하란 말입니까

황톳빛 망망 대수에
쓰레기와 함께 떠내려가는
삶도 의욕도 희망도
가재도구도 소, 돼지들도
보고 구경만 하고 있으란 말입니까

어디가 집이고 어디가 논밭이며
어디가 도로이고 어디가 강인지
알 수 없는 누우런 흙탕물 속에서
오도 가도 못하고 발이 묶인 채
무엇을 어찌하란 말입니까

하늘이시여
이제 그만 멈추어 주십시오

향수鄕愁 · 1

하얀 달빛 드나드는 고향집 앞 삽작*에
탐스럽게 핀 목단 밤 되니 시들어도
뻐꾸기 노랫소리 달빛마냥 드나든다

집 없는 도둑고양이 살같이 달아나고
앞 논 억머구리소리 귀청이 먹먹했지
앞산에 여우 울면 동네사람 죽어 나가고

이름 모를 새소리와 앵앵대는 모기소리
달밤에 두레박으로 우물물 퍼 올려
삶은 보리쌀 물에 말아 고추 찍어 먹었지…

---

* 삽작 : 대문이 없는 시골집 골목에서 마당으로 바로 통하는 곳. 삽작길.

향수鄕愁 · 2

풋나무 한 짐 해다 마른 갱빈에 널어놓고
꽁보리밥 물에 말아 고추장에 고추 찍어 먹고
당나무 그늘에 나가 보릿짚 깔고 늘어지게 한숨 자고
숫돌에 낫 새파랗게 갈아 지게에 꽂고
소이까리* 몰고 큰 골로 들어서면
풀들이 겁을 먹고 숨죽이고 고개 숙인다

꼴 많은 풀 속에 지게 거꾸로 엎어 놓고
등 테에 등을 대고 누워 하늘을 쳐다보며
낫자루로 지게 목발 두드려 장단 맞추며
산그늘 내릴 때까지 유행가 불러댄다

시원하게 산그늘이 내려오면 낫 빼어들고
꼴풀에 다가서면 풀들이 무서워 벌벌 떤다
드는 낫** 드는 솜씨로 낫을 휘둘러 대면
순식간에 꼴 한 짐 베어 지고 소 몰고 온다

---

* 소이까리 : 소 몰고 다니는 끈.
** 드는 낫 : 날이 잘 선 낫, 풀이 잘 베인다는 뜻.

빈 계곡

아무도 바라보지 않는
숲 깊은 저 뒤켠에서
서늘함이 기다리고 있었구나
아무도 듣지 않는 빈 계곡에서
옥빛 물줄기가 소리내며 흐르고 있었구나
적막을 먹고 자라는 산중의 나무들은
땀에 찌든 여름을 씻어 버렸다

한여름 뜨거운 뙤약볕에 그을린
풀벌레들의 날개 떠는 소리는
뜨거운 태양을 더 이상
잡아 두기도 싫은 모양이다
온 산하를 뒤덮었던 인파도
불어오는 선들 바람에 다 흩어지고
암벽巖壁에 붙어 선 늙은 소나무는
또 하나의 나이테를 새겨 넣겠지

야생 봉선화

어디서 흘러 왔을까
누가 가져다 심었을까
낙동강 둑에 억세고 무성한 잡초 속에서
용케도 자라 마디마다 꽃을 피웠다

색깔도 빨강, 분홍, 흰색이다
봉선화 무리 속 한가운데
노랑 민들레 한 송이가 목을 길게 빼고
봉선화와 키를 맞춘다

민들레 홀씨 따라 왔을까
아주 이채로운 한 무리의 작은 꽃밭
더운 여름날의
상큼하고 신선한 꽃밭이다

주산지

듬성듬성 험상궂은 괴석怪石이
사천왕처럼 버티고 선 그 아래로
울울 송림이 그림처럼 둘러쳐진
심산深山 계곡에
잡목으로 울을 삼고
고즈넉이 내려앉은 정갈한 주산지
산이 높고 골이 깊어 두견이 밤낮으로 우는 곳
달 밝은 밤이면 신선이 찾아와
낚싯줄 걸어놓고 바둑 두는 곳

아침이면 청풍淸風에 코가 시리고
싱그러운 푸르름에 눈이 시리고
마알간 저수지에 청산靑山이 잠기면
영혼마저 시려오는 아늑한 주산지
수백 년 묵은 왕버들은 두 사람의 아름드리
실타래 뿌리 밑에 잉어 떼 몰려들고

오고가는 백운白雲까지 물에 잠기면
선경이 어디에 따로 있더냐
내가 찾던 그곳이 바로 여길세!

솔밭에 바람 부니

솔밭에 바람 부니 산 전체가 일렁인다
파도처럼 출렁이며 솔밭이 움직인다
오는 듯 가는 듯이 왔다 갔다 하는구나
겹겹이 쌓인 솔이 운명처럼 오고 가며
나 흔들면 너 흔들고 너울대며 춤을 춘다

이리저리 주저앉은 산마다 솔밭이니
솔파도가 밀려가고 솔파도가 밀려오며
멧비둘기 그네 타고 산까치도 그네 탄다
비 오면 비 맞고 눈 오면 눈 맞으며
밤에도 흔들리고 낮에도 흔들린다

다람쥐가 올라오고 청설모가 올라와도
차별 없이 반겨주며 그네를 태워 준다
잠들어도 태워 주고 밥 먹어도 태워 준다
사시사철 푸른 너는 이산 저산 주인이요
자연에 순응하며 산 지키는 솔이로다

태고에서 첨단까지

결실의 바람 일렁이는
기암절벽 바라보니
태고가 훤히 보이고
수천 년 풍우에 씻긴
암벽에 뿌리 내린
몸통 붉은 소나무에서
장엄한 생명력을 본다

그 틈에 끼어 곱게 핀
야생화에서 계절을 보고
벌어지는 밤송이에서
위대한 자연을 본다
가슴에 무한을 품고
저 넓은 세계를 보고
스쳐가는 순간에
영원을 움켜잡는다

여름밤의 명상瞑想

반달 일찍 넘어가고 산 그림자 내리면
정기 등 덤 바위 위에 부엉이 울고
적은 골 속등에서 큰 노루도 운다
궁디에 파아란 불 단 개똥벌레들도
암컷 찾아 대밭으로 날아 들어간다

검은 구름 떼 지어 하늘 덮으면
처녀 죽은 귀신바람 소리 없이 불어
구멍 큰 삼베옷으로 술술 들어와
끈적거리던 앞가슴 산뜻해지고
등줄기에 고였던 땀 버쩍 마른다

주전자에 약물 떠 와 사카린 타 놓고
삶은 강냥* 뜯어 먹으며 약물 마시면
뱃속이 즐거워서 방귀 붕붕 나온다

---

* 강냥 : 옥수수.

피워놓은 모깃불 다 타고 연기 안 나
모기가 피를 빨 때 철썩철썩 때리면
모기 죽은 핏자국 아침까지 나 있다

향수鄕愁 · 3

콩나물밥 양념장 듬뿍 넣고 대접에
척척 비벼 한 그릇 뚝딱 해치우고
엄마 몰래 농주 한 주전자 담아
우장* 속에 감추어 우장을 둘러메고
장박골 다리 위로 유유히 올라간다

다리 위에 우장 깔고 하늘을 쳐다보면
별똥별이 예광탄처럼 직선으로 흘러가고
파아란 반딧불은 산 밑으로 꾸불꾸불 흘러간다

숲 속에서 소쩍새가 구슬프게 노래할 제
친구들과 막걸리 두어 잔에 취기가 돌아
흘러간 옛 노래를 발장단 맞춰 부르다가
밤이슬에 삼베 적삼 축축이 젖어오면
하나 둘 우장 메고 집으로 돌아간다

---

* 우장 : 짚이나 보릿짚으로 엮어 만든 우의.

향수鄕愁 · 4

게으른 닭 늦잠 깨어 회치고 울어대면
떨어지지 않는 두 눈 손으로 벌려 뜨고
어제 저녁때 갈아 마루 밑에 넣어둔 낫
지게에 꽂고 여명 밟고 안개 헤치며
적은 골 속수리* 갓**으로 풋나무 하러 간다
뽀오얀 아침이슬에 종아리 다 젖어도
뜨거운 한낮보다는 그래도 더 낫다

지게 짝대기로 목발을 두드리며 콧노래 흥얼거리며
싸리나무 꾀똥나무 뿔나무 닥치는 대로
무겁게 한 짐 해다 신작로 가에 널어놓고
뜨거운 한낮에는 대소쿠리 들고 주전자 들고
시원한 거랑 물에 들어가 미꾸라지 붕어 피라미
잡히는 대로 다 잡아 저녁 추어탕거리 한다

---

* 속수리 : 속수리 꿀밤 나무.
** 갓 : 개인이 소유하고 관리하는 개인 산.

땅

내 몸에 뿌리내려 긴 세월 살아가는 나무들
내 육신의 털로 자라는 저 많은 잡초들도
모두 내 몸의 물을 빨며 무성하게 자라고
명이 다하면 내 몸에 기대어 삭아져 가면서도
고맙다 인사 한마디 없이 사라져 가지만
나는 그들에게 어떤 대가도 바란 적이 없다

수억 년을 한자리에 묵묵히 앉아서
숱한 모진 풍상을 온몸으로 받아내며
사람이 필요하다면 물도 빛도 바람도
다 품어주며 아낌없이 베풀어 왔는데
지가 땅 것인지 땅이 지 것인지도 모르는
못난 인간들이 나를 소유하려고 혈안이다

짚신 끌고 온 인간이 나를 지 거라고
눈을 부라리며 큰소리치고 가더니
좀 있다 고무신 신고 온 인간이 또 나를

지 거라고 목에 힘줄 세우고 간다
이번엔 구두 신고 승용차 타고 온 인간이
이 땅은 지 땅이라고 경계선 긋고 간다

천 년을 한 자리에 움직이지 않고 서서
가물 때는 목이 말라 온몸을 비틀면서
내 몸에 의지하던 저 고목도 말이 없는데
유독 머리 좋다는 잘난 인간들만이
지가 땅 것인데 땅을 지 거라고 우기며
넓게 줄 친 자가 목을 꼿꼿이 세우고 다닌다

묵묵히 선 나무들처럼 계절이 가는 대로
푸르며 누르며 붉어지며 살면 될 것을
수억 년을 이 자리 지키며 살아온 나에겐
바람에 이리저리 휩쓸리는 하루살이 같은
보잘 것 없는 어리석은 인간들이 귀찮게
니 땅 내 땅하고 경계선 그으며 지나간다

8월에 베어진 잡초들

어찌하랴
아직도 시간이 조금은 남았는데
포기할 수는 없지 않느냐
있는 힘 다해 자라나 보자
자라서 꽃을 피워야 한다
기간이 너무 짧다 입추가 벌써 지났다
이제 몸 전체가 자라는 건 포기하고
목이라도 길게 뽑아 올리자
억새 곡지 갈대 강아지풀 모두 다
키 큰 억새가 앉은뱅이 억새 되어
목만 길게 뽑아 올리고 꽃을 피운다
곡지도 갈대도 강아지풀도 따라
기어이 작은 체구로 꽃을 피우고 만다
두뇌를 가진 인간보다 영악하고
계절을 너무도 정확히 알고 있다
서리 내리면 꽃 피울 수 없다는 걸
꽃 피우지 않고선 종족 번식도 없다는 것을…

여름향기

여름에 무성했던 가지와 잎새들이
고운 빛 단풍으로 물들어 가고
그 맑은 매미 소리도 가을비에
사라지며 내년을 기약한다
소슬바람에 잎잎이 흩어지는
상큼한 여름향기 그리운데
내 가슴에 떨어지는 낙엽 소리여
여름의 희로애락을 잎에 담아 떨구려
서둘러 단풍은 곱게 물들고
잎이 지면 쓸쓸함을 모르랴마는
모든 길이 가을로만 열려 있는데
어찌 다른 길을 열고 갈 수 있으랴
이 가을 지나가고 다음 그 다음 계절에는
분명히 여름향기 너가 올 것이니
다시 올 맑은 매미소리를 산처럼 앉아
잎 지고 눈이 와도 묵묵히 기다리리

향나무의 나팔꽃

운도 없이 척박한 돌너덜에 태어나
뜨거운 여름빛에 몇 번이나 시들고 마르며
죽을 고비를 수없이 넘기며 근근이 버티다

여름 장마 덕에 물기 한 아름 안고
향나무 위로 두고 보자는 듯이 기어 올라가
이제야 나팔처럼 큰 입 활짝 벌리고
환하게 웃으며 아래로 내려다본다

진한 자주색 굵은 가지색으로 피어
향나무 하나를 온통 나팔꽃으로 칠갑하여
오고가는 이 웃으며 맞는다

고통을 참은 만큼 향기 진하고
죽을 고비 넘긴 만큼 꽃잎도 크구나

곰실 계곡

자주색 칡꽃이 휘 늘어진 곰실 계곡에
맑은 물 흘러내려 야생화 곱게 핀다
봉선화처럼 층층이 핀 이름 모를 들꽃이
산새들의 날갯짓에도 꽃잎 떨군다
가야산 봉우리 괴석怪石에 걸렸던 석양이
가만히 넘어가면 산 밑은 어둠이 덮이고
하늘엔 수많은 별들이 얼굴을 내민다

산새 날던 그곳에 개똥벌레 반짝이고
멀리서 들려오는 뻐꾸기 노랫소리는
흐르는 물소리와 잘도 어울리는구나
밤 깊어 자정이 넘어가니 울던 새도 잠들고
숲 속에 가만히 엎드렸던 서늘한 바람이
어둠을 타고 사정없이 쏟아져 내린다
달 밝고 별 많고 개똥벌레 춤추는
곰실 계곡의 여름밤은 깊어만 간다

산비아래* 외딴 빈집

아침 해 일찍 뜨고 저녁달 늦게 지는
평화로운 산비아래 자리 잡은 외딴 집
지붕 위에 잡초가 묵밭같이 자라 있고
인적 끊어진 방마다 고요함에 쓰러지니
흙벽도 외로움에 힘없이 주저앉았네
부서진 문짝으로 을씨년스런 바람 드나들고
비바람 맞은 마루 짱은 까맣게 삭아 간다

아이들 뛰놀던 마당에는 꿩 병아리 뛰어놀고
뒤뜰에 잘 익은 복숭아 따먹을 사람 없구나
텃밭에 멋대로 자란 상추 잡풀처럼 억시고
개 짖지 않는 밤에 멧돼지 누워 쉬어간다
솥 없는 정지에는 왕거미줄 덫을 놓아두고
아궁이엔 너구리가 제 집인 양 드나든다

---

* 산비아래 : 산중턱 평평한 곳.

소 없는 마구간에 소 코뜨라지*만 걸려 있고
뚱거지 깨던** 보탕***에는 운지버섯 피어 있다
무너진 토석담으로 음산함이 넘나드니
담 밑에 핀 접시꽃이 무서움에 떨고 있다

---

* 코뜨라지 : 코뚜레.
** 뚱거지 깨던 : 통나무를 도끼로 쪼개던
*** 보탕 : 나무를 쪼갤 때 받쳐 놓는 나무토막.

송전 철탑

제일 높은 봉우리도 낮아
발 고우고* 더 높이 선 송전 철탑
양팔 크게 벌려 손에 손 굳게 잡고
이산 저산 이으며 건너며
누구를 위하여 팔 벌리고 서 있나

한여름 폭염에는 시원하겠다만
추운 겨울에도 흐트러짐이 없이
벌거벗은 채 다리에 힘주고 서 있구나

날 저물고 어두워도 집에 갈 줄 모르고
너의 긴팔을 타고 가는 붉은 선혈이
눈 오는 겨울에도 무더운 여름에도
쉬임없이 전해지니 사람들이 살아가지

---

* 고우고 : '괴다'의 경상도 사투리.

백일홍

화려하지 않아도
난 니가 좋다
꼬부라진 몸매도 작은 꽃잎도
멋스러운 작품이다
햇살 밝은 날에도
비 오는 궂은 날에도
언제나 한결 같아
난 니가 좋다

길가에 휘 늘어져
오는 이 가는 이 반겨주고
핸들 잡은 운전자도
활짝 웃으며 맞아주니
난 니가 좋다
한 번 피면 백 일을 가는
연홍도 아닌 것이
핏빛도 아니어서
난 니가 좋다

호박씨만 한 붕어 잡아
검정 고무신에 담으며
목에 걸린 감꽃 따 먹으면
입은 흰방티

동학사의 여승

계룡산 동학사의
이름 모를 선사禪師여
풍진風塵을 떨쳐 버린
꾸밈없는 모습이
산사山寺의 청정淸淨함
그대로구려

상풍霜風이 일고서야
꽃망울 터트리는
봉접蜂蝶을 마다한
국화꽃이구려

가을여행

코끝에 와 닿는 가을 냄새를 맡으며
서둘러 변색하는 산하를 둘러보니
어느덧 맑은 매미 소리는 멈추었구나
아득한 옛날부터 이어져 온 산천들
초가지붕 위에서 편안히 자리 잡은 고지박
돌담 위에 간신히 얹혀 있는 누우런 호박
흙마당 멍석 위에 널려있는 빠알간 고추들

가을이 오는 것은 보이지도 않는데
하늘은 사람만 모르는 이상한 신호로
귀 기울이는 만물에게 가을을 알리나 보다
그래서 오곡이 영글어 변색케 하나 보다
편안히 자리 잡은 초가지붕 위에서
아직은 따가운 햇살 아래 돌담 위에서
선들바람이 지나는 넓은 들판에서
서글픔을 한 아름 안고 가을은 익어가며
속절없이 사라져 갈 스스로를 알겠지

감꽃

감꽃 떨어지는 논둑 밑에
자벌레 풀잎 재고
감꽃 주워 실에 꿰어
염주 만들어 목에 걸고
물 떨어지는 논 귀밑에 앉아
호박씨만 한 붕어 잡아
검정 고무신에 담으며
목에 걸린 감꽃 따 먹으면
입은 한방티*

* 한방티 : 떫은 감꽃을 먹으면 입이 두꺼워 방티처럼 된다는 뜻.
** 방티 : 통나무 속을 파내어 만든 두께가 두꺼운 나무 대야.

만추滿秋의 백담사

차창으로 바라보니 어린아이가 황칠한 듯
푸르고 누르고 붉은 어지러운 첩첩산산
칼날처럼 파랗게 날 세웠던 풀잎들이
만추滿秋에 힘을 잃고 땅에 드러누웠고
설악산은 그 자리에 그대로인데
해 지는 어스름처럼 허허롭고 스산하다

한계령과 미시령 갈림길에서
외설악을 휘둘러 쳐다보니
태풍에도 끄떡없던 푸른 잎들이
바람소리에도 떨어지는 마른 잎이다
백담골 맑은 물은 푸른빛을 잃었고
떨어진 붉은 잎이 물에 떠 헤맨다

백담사 극락보전은 여느 절의 대웅전인데
그 앞에 전 대통령이 묵었던 방이 있고

만해 선생 기념관은 선생님의 민족정신이
눈 부릅뜨고 바라보니 머리가 숙여진다

향수鄕愁 · 5

마른 소깝* 한 짐 해다 정지에 들여 놓고
삶은 감자라도 있나 싶어 이것저것 뒤지는데
찬장 안 주전자에 농주 한사발이 들어있다
할배가 막걸리 한 사발이면 속이 든든하다길래
그냥은 독해서 사카린을 타서 홀짝홀짝 다 마셨다
얼굴이 화끈거리고 속은 불이 활활 타는 것 같아
아랫방 축담에 가마니 깔고 누웠다 잠이 들었다

갑자기 찬물 한 바가지가 얼굴에 확 뿌려지더니
눈이 채 떨어지기도 전에 몽둥이가 춤을 춘다
세상에 이런 청천 하늘에 웬 날벼락인가
몽둥이로 내리치며 엄마가 하시는 말씀
대가리에 쇠똥도 안 벗어진 것이 술 처먹고 해롱거려
못된 것만 애비 닮았다 하시며 몽둥이를 휘둘러댄다

---

* 소깝 : 잎이 달린 마른 솔가지.

우선은 살아야겠기에 들고 뛰어 뒷산에 올라
바위에 걸터앉아 가만히 생각해 보니
그게 바로 할배 세참 잡수실 술이었다
그래도 참 억울했다
사실은 술이라서 먹은 게 아니고 배가 고파 먹었는데
왜 하필이면 할배 세참 술을 찬장에 놔두었다가
죄도 없는 아들한테 몽둥이찜질만 안겨주었을까
배고픈 것 못 참는 내가 한심스러워 시죽 웃었다

향수鄕愁 · 6

엄마가 동네 갓 비아래 감자 캐러 갈 때는
나보다 더 큰 싸리바구니 내가 들고서
엄마 뒤를 졸졸 따라 감자 밭으로 간다

엄마가 자주감자 캐어 바구니에 담는 동안
밭가에 까맣게 익은 산오디 따 먹으면
산새들이 떼를 지어 지들 밥 따 먹는다고
머리 위로 날아다니며 난리들을 친다

치거나 말거나 나는 모른 척 시치미 떼고
가지를 휘어잡고 익은 것만 다 따 먹는다

가을 석양

꼬리 내린 염천炎天을 대신하여
쨍한 가을 햇살이 제법 따갑다
부끄럼 모르는 고추잠자리들
쌍쌍이 흘레붙어* 좋아라
창공으로 날아오른다

산꼭대기 늙은 소나무 가지에
목이 걸려 얼굴 붉어진 석양
아직은 하늘 푸르고 바람 시원한데
뭐 그리 급해 서둘다 얼굴 빨개졌느냐
생을 마감하려고 들숨을 쉬는구나

더 여물어야 할 오곡백과가
너의 기氣를 좀 더 받으려고
목을 빼고 이리저리 흔들리는데…

---

* 흘레붙어 : '흘레(=교미)하다'를 속되게 이르는 말.

국화야

서리 맞아 꽃 지고
바람 불어 잎 진 뒤에
쓸쓸하고 고적孤寂한 늦은 가을에
매서운 바람 안고 홀로 피는 국화야
하얀 봄이 열릴 때도
파란 싹이 돋을 때도
수많은 꽃들이 앞 다투어 필 때도
국화야 너는 고개 숙여 있었다

봄 꽃도 여름 꽃도 모두 싫더냐
무수히 달려드는 벌 나비가 싫더냐
찬 서리 맞은 후에야
눈망울이 초롱초롱 생기나는 국화야
티 없이 맑은 고고함이
벌 나비도 싫어하지
그래서 선인들은 너를 군자라 했지

진한 서릿바람 맞은 후에야
국향을 내뿜으며
환하게 웃는구나

황화 코스모스야

낙뢰 섬광에 깜짝 놀라 이른 잠 깨어
서둘러 피어난 황화 코스모스야
속살까지 곱고 고와 향기도 좋구나
저무는 8월은 그냥 보내고
달려오는 9월을 맞으려 하네
며칠 사이에 가져다 놓은
서늘한 가을바람은
모든 생명체에 가을을 준비케 하고
눈이 오면 돌아갈 곳을 물색케 하네

한번 피면 제 몸을 버려야 하는데
왜 저리 서둘러 피어나는 것일까
불어올 짙은 서릿바람 맞으면
아랫도리마저 다 벗겨질 텐데
눈 오는 새 세상을 보고 싶으냐
서럽게 울어대는 풀벌레들은
서릿바람 불어오면 돌아갈 곳 있을까
황화의 몸처럼 사그라지겠지…

가을의 굉망골

굉망골 맑은 물에
마른 낙엽 둥둥 뜨니
마당 소沼 넓은 소에
낙엽더미 잠겼구나
달 밝은 심산에는
새들마저 잠 못 들고
모닥불 피워놓고
더덕 구워 안주 삼아
마시는 소주 맛은
비길 데가 없어라

단풍

하얀 이슬 찬바람에 단풍이 피어난다
비단장막 펼친 듯이 색깔도 곱구나
제일 높은 봉우리에서부터 시작하여
조금씩 아래로 소리 없이 내려온다
봄에는 아지랑이와 함께 파아란 새싹이
아래에서 봉우리로 올라갔는데

어젯밤 찬비 맞고 성큼성큼 내려온다
이제는 아주 빨강 노오랑색으로 변해서
험한 바위 길도 마다 않고 내려온다
건너편 찬 바위에 소주병 놓고 걸터앉아
붉은 홍취 다할 때까지 자연을 바라본다
색깔 고운 단풍아 너 갈 곳이 어디라고
천 길 낭떠러지도 겁 없이 뛰어내리느냐

골짜기에 내려오면 더 갈 곳이 없는데
새들만이 오르내릴 수 있는 험한 돌길을
서로 앞다투어 다 내려오면
하릴없이 떨어져 처량한 모습으로
티 없이 맑은 저 물을 덮으려 하느냐
곱게 물든 단풍 산에 붉은 노을 걸리니
너무나 곱게 붉어 아프도록 황홀하구나

솔밭 속에 개살구 한 그루

적은 골 속수리 갓에 개살구 한 그루
솔향기 그윽한 솔밭 속의 홍일점
이맘때면 분단장 곱게 하고 뽐내는 나무
누가 개살구를 시고 떫다 하였는가
누가 개살구를 빛만 좋다 하였는가
참살구보다 빛깔도 맛깔도 굵기도 좋다
한껏 농익으면 윤기가 좔좔 흐르고
어느 과일보다 월등히 서광曙光이 난다
청정 솔밭 속이라 벌레도 먹지 않는다
양손으로 쭉 갈라 속살 뒤집어 입에 넣으면
달고 시고 떫은맛이 멋진 조화를 이뤄
먹고 먹고 또 먹어도 물리는 일이 없다
속수리 갓에 개살구 나무 올봄에도 분단장하고
내가 오기를 기다리며 향기 뿜고 서 있을까?

가야산의 신비

적막이 꽉 찬 산에
흐르는 물소리는
정겨움이 가득하고
넘치는 웅덩이는
수정같이 투명하다
가야산 험한 산에
겹겹이 쌓인 숲에
너의 그 깨끗한 나신이
나에게만 들켰구나
산새들만 알고 있을
험준한 비경 속에서
천만 년 꼭꼭 숨어
나오기만 기다렸지
고맙고 행복하여
춤이라도 추고 싶다

주왕산

가을 물결 일렁이는 거대한 돌산에
단풍이 물드니 흰 구름도 쉬다 간다
경관이 절경인 경이로운 바위산에
비단 이불 펴놓은 듯이 노을빛도 곱구나
바위 사이 솔뿌리 밑에 청수가 솟아 흘러
선녀탕도 채우고 구용소沼도 채우네
주왕의 딸 백련 낭자도 저 물로 목욕했고
학소대를 채우니 학들도 몸 씻었지

잠시 숲에 가려 제 모습을 감추었던
작은 암봉들도 일어나 제 모습 자랑한다
수백 미터 바위 능에 뿌리 내린 소나무들
키는 작아도 뿌리는 넓게 뻗어
천만 년 풍우에도 요지부동이구나
제1, 2, 3폭포는 보기 드문 주왕산의 명소요
암릉폭포 절벽 전설이 어우러진 주왕산은
이 땅에 자연이 만든 최고의 걸작이다

가을 문턱

한줄기 가을바람이 흰 구름 걷어 가니
하늘은 눈이 아리게 높고 파아랗구나
가을 문턱을 넘으려고 나비의 날갯짓이
그토록 사나운 광풍狂風으로 요동쳤나 보다
가만히 수줍게 왔다가 소리 없이 가 버리는
잔인한 가을바람은 나뭇잎도 다 떨구고 간다
가을꽃 피워 놓고 몰래 서릿바람 불러오고
철새들 불러 놓고 자취 없이 사라져 버리니
정情도 믿음도 태풍 나비 같은 가을바람
만상萬像을 퇴색시켜 놓고도
아무렇지도 않은 듯 귀뚜라미 울리네
긴 가을밤 귀뚜라미 울음마저 사라지고
북풍 타고 기러기 줄지어 날아오면
산야山野는 홍건히 눈바람에 묻혀서
또 다른 다음 봄을 기다리게 하겠지…

모과향

빨갛게 홍시가 감맛 좋게 익어가고
논바닥에 벼들이 밥맛 좋게 익어갈 때
메뚜기는 두 다리에 한껏 힘이 오르고
모과도 노랗게 향 좋게 익어간다

이 가지 저 가지 둥글둥글 매달려서
쳐다보는 눈 맛이 아주 좋은 굵은 모과
무서리 맞아 잎 떨어진 키 큰 나무에
지지리도 못생기고 흠집 많은 모과

자동차 안에 놓아두면 코에 좋은 향기지만
입에 넣으면 인상이 찌그러진다
화장품 향수와는 차원이 다른 향
언제 맡아도 심신이 편안해지는 모과향

고난苦難

어둠은 바쁜 듯이 산 밑을 덮쳐오고
하늘엔 먹구름이 바람에 밀려간다
온몸은 땀으로 범벅이 되었고
풀 죽은 무명옷은 몸에 휘휘 감긴다
뚱거지 짐* 재 밑에 받쳐 놓고
넘을 재를 쳐다보니 까마득하다

배 속은 곡기 없어 허리가 접히는데
일찍 뜬 별들이 불쌍한 듯 내려다본다
넘어야 할 높은 재가 눈물처럼 엉겨 와도
신다 해어진 짚신짝 같은 몸뚱이 추스리고
가파른 오르막 재를 어떻게든 넘어야 한다
더 흐를 물기 없어 코에 단 내가 풀풀 나도
오래전 쌓인 허기 참고 허리 쭉 펴고 넘어 가마

* 뚱거지 짐 : 통나무 짐.

묵어빠진 논도가리*

적은 골 손바닥만 한 논도가리들
한때는 귀족처럼 좋은 대우 받으며
논둑에 지심** 하나 없이 말끔했는데
지금은 묵어빠져 잡초만이 무성한
산짐승들의 놀이터가 되어 버렸다

사다리 같은 논도가리에 희망을 걸었던 곳
쟁기가 들어갈 수 없을 만큼 논들이 작아서
괭이 쇠스랑***으로 쪼아
모를 심던 작은 논도가리들
그래도 가을에는 누우런 나락이 도가리마다 가득하여
총알같이 여물었다고 온 동네 자랑하던 논

---

* 논도가리 : 논배미(논두렁으로 둘러싸인 논의 구역)를 뜻하는 경상도 사투리.
** 지심 : 잡초를 뜻하는 경상도 사투리.
*** 쇠스랑 : 땅을 고를 때 사용하는 갈퀴 모양의 농기구.

궁디 큰 아지매가 앉으면 딱 맞을 만한 논들
이제는 사람도 들어갈 수 없는 풀밭으로 변해서
멧돼지들의 쉼터가 되어 버렸다

논도가리 옆으로 흐르는 웅덩이에
가을이면 검정 고무신짝으로 물을 퍼내고
뱀장어 참게 잡아 소이까리 소뿔에 감아놓고
친구들과 모여앉아 구워 먹던 논도가리들

내 지게

어디를 다쳤는지 지게 가지 만져 보고
목발은 괜찮은지 들고 보고 놓고 보고
밀끈 등태*는 멀쩡한지 손으로 당겨 보고
지게 꼬리는 이상 없는지 손으로 훑어 보고
사랑하는 내 지게야 미안하고 죄송하다

참나무 물거리 짊어지고 깨그막** 내려오다
목발이 돌에 걸려 너와 나 둘은 함께
언덕 밑 바위 아래로 곤두박질치는구나
너 보기가 미안하여 얼굴 들지 못하겠다
사랑하는 내 지게야 내 잘못을 용서하렴

내 다리가 벗겨지고 내 얼굴이 긁힌 거야
밥 잘 먹고 잠 잘 자면 저절로 낫겠지만

---

* 등태 : 지게의 등이 닿는 곳에 배기지 않도록 짚으로 엮어 붙이는 물건.

** 깨그막 : 언덕길을 뜻하는 경상도 사투리.

아무런 잘못 없는 네 다리에 금이 가고
너 몸통에 상처 나면 쉽게 낫지 않으리니
내 마음 쓰리고 아려 너를 어찌 또 업을꼬
너와 나는 한 몸이니 나는 너를 업으리라

아우라지 오지마을
한적한 구절리에
떨어진 나뭇잎을 깔고
소리 없이 내려누웠다

내 마음도

일 미터가 넘는 눈이 쌓여도
영하 20도가 넘는다 해도
결빙이 깊어진 저 아래에서
성급한 생명이 얼음장을 두드린다
답답한 생명이 쌓인 눈을 헤집는다

가만히 귀 기울여 들어보면
눈 녹은 물이 나무 위로 오른다
그 소리 확연히 들린다
칼바람에 상처 난 가지들이 웃는다
내 마음도 두꺼운 얼음장을 깨고
깊이 쌓인 눈을 헤집는다

니 마음

니 마음 맑고 밝아
내 마음 비췄으니
눈 오는 한겨울도
내 마음은 참 꽃빛
염치없는 내 마음에
일렁이는 그리움은
잔잔하던 내 가슴에
물보라를 일으킨다

수없이 험한 산을
넘고 또 넘었건만
지금 만난 예쁜 산은
밟고 넘지 못하리라
너무도 맑고 밝아
두고두고 보고 싶다

그때 그 시절

길고 긴 겨울밤에 문풍지 울어 대고
콩나물죽 먹고 오줌 누면 배고파지니
할 일 없는 긴 밤은 먹을 것만 생각난다
문구멍으로 내다보니 하얗게 눈 내리고
호롱불 펄럭이니 그림자도 일렁인다
먹고 싶은 것 많은데 눈만 껌뻑이다가
문풍지 소리 자장가 삼아 웅크리고 잠든다

아침에 일어나면 까막까치 얼어 죽어 있고
골구싸리* 마당비로 쌓인 눈 쓸어 내고
바소구리**에 돌멩이 없어 막대기 고우고
사래기*** 섞인 댕가리**** 허옇게 뿌려 놓고
때 묻은 목화솜 이불 속에 발만 넣고 엎드려
문구멍에 눈 갖다 대고 참새 오나 망본다
눈 쌓인 산과 들도 허기지던 그때 그 시절

---

* 골구싸리 : 몸통과 가지가 꼬불꼬불한 싸리나무.
** 바소구리 : 싸리나무로 엮은 농기구.
*** 사래기 : 정미소에서 쌀을 찧을 때 흐르는 작은 쌀.
**** 댕가리 : 가늘고 부드러운 재.

얼음장 밑에도

계속되는 맹추위에 얼음장이
자꾸 두꺼워진다
쩌정쩡 하며 얼음장이 운다
외진 곳이라 섬뜩하게 소름이 끼친다
제 무게를 이기지 못해
거대한 얼음장이 울고 있다
너무 무거워 버티기 힘든 모양이다

또 쩌정쩡 하얗게 선을 그으며
이리저리 사정없이 금이 간다
저 두꺼운 얼음장 밑에도
분명 생명이 살아 숨 쉬리라
이 얼음 녹을 날을 기다리며
죽은 듯이 엎드려 있으리라
아무리 춥고 힘들어도
다른 마음 먹지 않고 기다리리라

설야

아우라지* 오지마을 한적한 구절리에
떨어진 나뭇잎을 깔고 소리 없이 내려누웠다
기억 상실증에 걸린 듯 산동네를 하얗게 덮었다
나뭇가지를 흔들며 산을 오르내리던
바람마저 백설에 묻혔다
날짐승은 날개 접고 들짐승은 다리 접고 앉아
배 속에서 쪼르륵 소리가 들려도 참을 수밖에 없다

움직임이란 굴뚝에서 피어오르는 연기뿐
바람에 산을 건너다니던 가랑잎도
풍선처럼 부풀어 오르던 하얀 비닐하우스
중봉산 꿩들이 먹이 찾던 논밭에도
일 미터의 눈을 뒤집어쓰고 소리 없이 묻혀 있다
예쁜 것도 흉물스런 것도 다 덮어버리고
산동네 적막이 하얀 밤을 지새운다

---

* 아우라지 : 두 갈래 이상의 물이 한데 모이는 물목.

겨울바람

잎 다 떨어진 앙상한 가지에 잎새 하나가
쌩쌩 거리는 찬바람에 파들파들 떤다
거미줄에 묶였는지 뱅글뱅글 돈다
살기 어린 바람소리가 얼마나 무서울까
거미줄에 묶인 잎새가 얼마나 버틸까

신명난 바이올린 E선 소리를 지른다
그냥 듣기만 해도 몸에 소름이 끼친다
결국 버티지 못하고 떨어져 날아간다
허공으로 치솟아 높이 날아오른다
찬바람이 이겼다고 더욱 앵앵거린다

한겨울 멧비둘기

텅 빈 논바닥에 멧비둘기 떼가 내려
흩어진 벼알들을 찾아다닌다
틈틈이 까치들도 끼어 있다
난데없이 세찬바람 한 뭉치가 사정없이
비둘기와 까치들의 옆구리를 후려친다
넘어지지 않으려고 비틀거리며 버둥거리다
다시 중심을 잡고 벼알을 찾아다닌다

춥고 바람 부는 겨울은 고통스런 계절이다
밤에도 많이 떨면서 자야 할 것이고
먹이를 찾는 데도 늘 바람이 훼방을 놓는다
눈이라도 내려 들을 덮어 버리면
꼼짝없이 굶어야 할 것이다
논둑 밑 마른 풀숲에 몸을 피했던 놈들도
다시 걸어 나와 먹이 찾아 나선다
비둘기도 까치도 춥고 눈 오는 겨울은
힘겨운 나날일 것 같다

개골산皆骨山

빛 고운 풍악산에 서리치고 바람 부니
아낌없이 다 떨구고 개골산 되었구나
차가운 눈서리와 바람을 동무 삼아
기어이 피해가지 못할 심연深淵이라면
차라리 드러누워 침향枕香을 즐기리라

제일 높은 비로봉에 눈 풀풀 날려서
삐쩍 마른 개골산의 기이한 형상들과
뼈만 남은 만물상에 살 붙여 주고
거치른 겉모양을 하얗게 감추며
고고하고 의연하게 찬바람과 마주한다

티 없이 맑은 물에 마른 잎이 떨어져
소沼마다 가득히 물을 덮고 얼었으니
거기에도 눈 내려 하얗게 가려주네
눈 밑에 얼음 속에 누운 옥빛 물
봄이 오면 툭툭 털고 흘러가리라

설악산

키 작고 등 굽은 삐쩍 마른 소나무 한 그루
흙 한 톨 잡지 못한 그냥 빈손으로
거대한 돌벽을 끌어안은 불쌍한 소나무
차가운 비바람과 밤낮으로 씨름하며
껍질만 두꺼워진 깡마른 소나무
그래도 싱싱하고 향 좋은 솔잎은 달고 있다
고성능 망원경으로만 볼 수 있는 절벽에
청초하고 고고한 마음 비운 자태가
어느 누구의 발길도 허락지 않는다

잠시의 아름다움과 좋은 향기로
사람을 유혹하는 꽃과는 달리
변치 않는 솔 향으로 설악산을 지켜가네
흙 한 톨 없는 깎은 듯한 돌 벽에서
돌을 뚫지 못한 몇 가닥의 뿌리들이
문어발처럼 질기게 돌 벽을 끌어안고
올겨울도 눈보라와 씨름하면서
변함없는 설악산의 푸른 솔로 남으리라

멍청한 장꿩들

논둑 아래 타작한 볏짚과 부스러기
쭉정이들이 큼지막이 봉우리를 만들었다
그 주위를 깃털 붉고 화려한 장꿩들
10여 마리가 여기저기 다니며 벼알 찾는다
자동차가 접근해도 겁도 없이 예사다
적당한 거리까지 접근한 다음 소리 없이
유리문을 내리고 공기총으로 한 놈을 겨냥
탕 하는 소리와 함께 한 놈이 픽 쓰러진다

꿩의 눈은 밝은데 귀가 먹보라더니
옆에서 구경하던 다른 놈들이 도망가지 않고
쭉 둘러서서 버둥거리며 죽어가는 친구를
들여다보며 구경만 하고 서 있는 게 아닌가
또 탕 하는 소리와 함께 다른 놈이 쓰러진다
그때서야 고개를 쳐들고
자동차 쪽을 바라보더니 뛰며 날기 시작한다
참 눈치 없고 멍청한 장꿩들이다

팔공산에서

백설이 훨훨 춤추며 내려오니
까마귀 노래 불러 장단 맞춘다
바람이 흐느적거리는 눈을
관봉으로 몰아가니
까마귀 떼 노래 부르며
동봉으로 날아간다
흰 놈과 검은 놈이
허공중에 날개 펴니
팔공산 너른 산에
춤과 음악이 가득하네

동장군

내일이 입춘인데 날씨가 억시기* 춥다
동장군이 사정없이 나뭇가지를 흔든다
백양나무에 집을 짓던 까치 부부도
오늘은 높은 가지에서 작업을 할 수 없는 모양이다

산 밑 양지바른 으지**에 머리를 맞대고
서로 마주 쳐다보며 쭈그리고 앉아있다
가지가 흔들리고 추워 어쩔 수 없는 것 같다

나무는 참 앞을 내다보는 혜안慧眼도 있다
이렇게 억센 동장군이 있을 걸 미리 알고
가을에 잎을 다 떨구어 버린 걸 보면

---

* 억시기 : '아주 많이'를 뜻하는 경상도 사투리.
** 으지 : 햇빛이 잘 들고 구석진 곳.

금호강을 휘젓고 다니던 청둥오리들도
양지쪽 물에 모래자갈 위에 모여앉아
모가지 탈 아미고* 돌덩이처럼 앉아 있다

자동차 밖에 나가면 코와 귀가 빨게지고
회초리로 얻어맞은 듯이 따갑고 아프다
하지만 지까짓 게 며칠이나 더 남았으랴

* 아미고 : 긴 목을 구부려 날개 위나 등에 얹어놓고 쉬는 상태.

대포알 오징어

영하 10도가 넘는 추운 사동항에서
대포알 오징어를 찾아다니며 기다린다
매서운 바닷바람이 뼛속까지 후벼낸다
그래도 눈을 왕방울처럼 굴리며 살핀다
이제 뼛속까지 후들 후들 떨린다
더 버티기 어려워 소주를 마신다
취기가 돌면 떨림이 훨씬 진정된다
그때 저쪽에서 빨건 물체가 움직인다

맞다 틀림없는 대형 대포알 오징어다
몸도 마음도 흥분하여 움직임이 떨린다
잡아야 한다 저놈을 놓치면 금년 겨울엔
다시 못 볼 것 같은 생각에 다리가 후들거린다
가슴이 방망이질한다 진정하며 릴을 던졌다
오랜 경험 탓일까 한방에 정확히 걸렸다
명중이다 잡아당긴다 끌려오지 않는다
더 세게 잡아당긴다 낚싯줄이 터졌다

놓칠 것 같아 몸도 마음도 행동도 급하다
다른 바늘을 달아 또 던졌다 이번에도 명중
또 끌려오지 않는다 더 세게 당기자 또 터진다
어찌하랴 이 추운 겨울에 물에 뛰어들 수는 없고
친구 놈은 배 위를 미친 듯이 뛰어다닌다
이리저리 뛰어다니다 뱃사람들이 큰 고기 잡았을 때
찍어 올리는 큰 갈고리를 찾아들고 달려온다
그런데 갈고리 사정거리를 벗어나 있다

다시 훌치기 바늘을 달아 또 릴을 던졌다
이제는 세게 당기지 않고 배 있는 쪽으로
슬슬 당기면서 유도해 갔더니
아 이놈이 슬금슬금 배 쪽으로 끌려온다
좀 더 가까이 좀 더 좀 더 하더니 갑자기
벼락같이 갈고리로 꽉 찍어 배 위로 끌어올렸다
한 아름 될 만큼 굉장히 큰 놈이다
한 2~30명은 포식할 것 같은 대포알 오징어

문풍지

한겨울 긴긴밤을 울며 새는 문풍지야
무슨 한이 맺혔길래 울며 불며 지새느냐
한밤 시골역을 떠나는 기적소리 같기도 하고
항구를 떠나는 뱃고동소리 같기도 하구나
얇은 한지 한 꺼풀이 삭풍朔風을 막으려니
춥고 힘에 부쳐 소리치며 우느냐
차마 잊지 못할 님이라도 있었더냐
너도 나처럼 울고 싶은 한恨 있느냐

네가 울면 개도 따라 울고 호롱불도 꺼져간다
열었다 닫아도 또 열었다 다시 닫아도
이 추운 삼동 밤에 눈물까지 얼었느냐
크게 불면 수자폰 소리 같아 집둥이 흔들리고
작게 불면 바리톤 소리 같아 벽을 흔드는구나
누렁이도 무서운지 꼼짝 않고 누워있고
고양이도 겁에 질려 사람 옆에 엎드렸다
이 추운 긴긴 밤을 밤새도록 울고 나면
아침이면 힘이 빠져 너덜너덜해질 텐데…

찬바람이 불면

꽃 지우고 잎 떨구는 찬바람이 불면
환자처럼 힘을 잃은 나무들을 흔들며
서릿바람이 떨어지는 잎을 날린다
큰 키만큼이나 억센 억새꽃들도
찬바람에 휘어지다 홀씨 되어 떠나간다

푸르던 잎이 누르다 누렇다 붉어지고
붉다 더 붉어지다 검어지는 잎새들
검어지다 검버섯이 피면 어쩌지 못해
떨어져 날리다 뒹굴다 삭아져 간다
봉우리든 능선이든 가릴 것 없이
화려하게 타오르는 불꽃놀이 벌였구나

자연 앞엔 온 산야가 하잘 것 없는
부스러기들인 것을 이제야 알았구나
마디마디 물기 잃고 생명력 잃었으니
죽은 듯이 잠자다가 내년 봄에…

촌 동네

전혀 움직임이 없다
조용하다 못해 적막강산이다
저 골목 어귀에서 큰 아이들이
숨바꼭질하며 번개같이 달리고
작은 아이들의 울음소리가 동네를 들썩여야 하거늘
집집마다 꼬부라진 할매 한 명씩 있다
큰 기침 할 할배는 구경도 할 수 없고
골목을 달릴 아이도 소리쳐 울 아이도 없다

이 동네에선 세상에 태어난 아기의 첫 울음소리
들어본 지가 언제인지 기억조차 가물가물하다
누가 이 동네를 이 지경으로 만들어 버렸나
할배는 성질 급해 먼저 저 세상 가고
아들딸은 더 잘 살아보려고 도시로 떠나고
갈 곳 없는 할매들만 남았다
간혹 보이는 움직임은
아주 느리다

두려워하지 마라

칼바람이 사정없이 온몸을 그어도
흔들리며 두려워하지 마라
산에는 눈이 길길이 쌓여 얼어도
계곡물에 얼음이 두께 두께 얼어도
빈들을 지나는 바람이 귀신소리 내질러도
두고 보아라 기어이 봄은 오리니

저 메마른 빈 들판도 채워지고
칼바람에 상처 난 가지에도
파란 싹이 돋아 자라리라
죽은 듯이 엎드려 있어도
모두 살아 있음을 알게 되리라
두려워하지 말고 몸 낮추고 엎드려
침착하게 기다려라

독도여!

저 깊고 검푸른 동해바다 한가운데
불기둥으로 솟아오른 튼튼한 두 다리로
꿋꿋이 버티고 선 외로움 타는 독도여
그 오랜 세월동안 산더미 같은 비바람과 풍랑에
깨지고 찢긴 너의 험하고 아픈 상처를
단 한 번도 따뜻하게 감싸 안아준 적 없는
철없는 조국을 얼마나 원망하였으며
또 얼마나 무심하다 눈물 삼켰느냐
그 숱한 아픈 상처를 시도 때도 없이 덧나게 하는
저 얄미운 외인들을 바라보면서
말없이 묵묵히 망부석처럼 서 있구나
너를 삼키려고 파랗게 날선 혓바닥을 휘두르는
저 염치染恥없는 외인들을 가소롭게 바라보며
미소 짓고 서 있구나

하지만 독도여 마음 편히 가져라
그리고 독도여 슬퍼하지도 말아라
조국의 혈맥이 너의 심장에 이어져 있거늘
어찌 너를 더 이상 혼자 버려두랴
불덩이로 태어난 너를
태어날 때 그보다 더 뜨겁게 사랑하는
7,000만 동포가 너를 외롭게 버려두지 않으리라
꽃도 심고 나무도 심고 고기잡이 하며
밥 짓고 빨래하며 애 낳고 살아가는
대한민국의 독도로 가꾸어 가리라
독도여!

국보 1호가 불타던 날

600년 이 겨레의 상징이 불타던 그날
민족의 자존심은 까만 숯덩이가 되었다
이 민족의 영욕을 빠짐없이 다 지켜보았을
건장하던 국보 1호는 불타 무너져 버렸다
늘 헐벗고 굶주림에 찌들어 떨던 이 민족을
측은한 마음으로 혹은 참담한 심정으로
내려다보며 말없이 눈물 감추었을 숭례문

왜란 때는 풍신수길의 졸개들을
분노에 찬 눈빛으로 가소롭게 내려다보았을 것이고
호란 때는 그 무지막지한 청병들의
차마 눈뜨고 볼 수 없는 만행을
다 지켜보았을 것이다
한국전쟁 때는 가슴이 답답하고 억장이 무너져
차라리 눈을 감고 보지 않았을 우리의 숭례문
그 수많은 전란에도 거뜬히 참고 견뎌낸 남쪽 문

민족의 자존심이 숯덩이로 떨어지고
재 되어 날리던 날
이 나라 역사 앞에 그토록 오만방자하던 자들은
불타는 민족의 자존심을 쳐다보며 무슨 생각 했을까
그 호방하던 양령대군의 숭례문 친필 현판은
모조품인 숭례문에서나마 다시 볼 수 있을까
600년 민족 얼이 담긴 국가 보물은 불타 쓰러지고
민족의 얼도 혼도 담기지 않은 남대문만 보겠지…

날개 없는 불구 새

전생에 무슨 몹쓸 죄를 지었길래
날개도 없는 작은 새로 태어났을까
늘 산 밑에 쭈그리고 앉아 하늘만 쳐다본다
눈발을 헤치고 찬바람을 가르며 날아오르는
산지니*처럼 높은 산도 훌쩍 날아 넘어
드넓은 세상 위를 거침없이 날고 싶은데
작은 다리만 두 개 달린 날개 없는 새는
가는 곳마다 험한 돌길 질퍽거리는 진흙탕 길이다

소리 내어 울지도 못하는 연약한 새
꼼지락거려 봐도 주변만 맴돌다 마는
선택의 여지라곤 전혀 없는 가여운 새
차라리 땅속에 작은 미물로 태어났으면
저토록 슬프고 아프지는 않았을 것을
이제는 지쳐 버린 불쌍한 작은 새
영원히 날지 못할 날개 없는 불구 새

---

* 산지니 : 산에서 자라 여러 해가 묵은 매나 새매.